FRAGMENT
POUR SERVIR A L'HISTOIRE
DE LA
CONVENTION NATIONALE,

Depuis le 10 Thermidor, jusqu'à la dénonciation de Lecointre, inclusivement.

PAR J. J. DUSSAULT.

Neque amore aut invidiâ

A PARIS,

Chez les Marchands de Nouveautés.

FRAGMENT
POUR SERVIR A L'HISTOIRE
DE LA
CONVENTION NATIONALE;

Depuis le 10 Thermidor, jusqu'à la dénonciation de Lecointre, inclusivement.

APRÈS le 10 Thermidor, l'explosion subite de tout ce qu'une longue tyrannie avoit renfoncé dans le secret des cœurs rendit, pendant quelques jours, les délibérations de l'Assemblée vagues, tumultueuses, abondantes en idées plus consolantes que réfléchies. Une belle pensée présidoit à cette espèce de délire, celle de réparer les maux causés par Robespierre; mais l'Assemblée trouva dans cette pensée même un piège dangereux. Le bien, toujours ſi voiſin du mal, veut être fait avec prudence & meſure, & l'on a rarement à ſe louer de l'enthouſiaſme même le plus louable.

Les portes des priſons furent briſées plutôt qu'ouvertes. Les innocens en ſortirent en foule, mais quelques coupables profitèrent de cette précipitation.

Ceux qui ſentoient moins vivement les maux affreux qu'avoit faits Robeſpierre, furent plus frappés de ce déſordre, que touchés du ſpectacle ſi doux de tant d'infortunés rendus à la liberté, à la vie, à la nature, aux ſoupirs de leurs familles, aux larmes de leurs enfans, aux embraſſemens de leurs épouſes, au ſentiment de leur être.

Ainſi, au milieu des cris de reconnoiſſance & d'amour élancés de tous les cœurs attendris, l'élargiſſement de quelques ariſtocrates devint un cri de guerre.

A ce cri, l'on vit ſe rallier un certain nombre de membres de la Convention Nationale. Ce nombre étoit la partie la moins conſidérable de l'Aſſemblée. On accuſa des députés d'avoir briſé les fers de quelques ennemis de la révolution.

Cette division devoit plaire à ceux qui avoient quelques remords, ou qui craignoient d'être accusés au tribunal de l'opinion publique. Ils souffloient sur cette étincelle légère de discorde; ils savoient bien auxquels ils devoient s'attacher préférablement, de ceux qui oublioient un moment l'aristocratie, pour ne voir que la patrie éplorée, ou de ceux qui oublioient les malheurs de la France, pour ne se souvenir que de l'aristocratie foible, vaincue, agonisante.

Le cours des choses amena donc une lutte nouvelle dans cette assemblée, qui, après avoir servi d'arène à tant de conspirations différentes, ne s'étoit reposée de ses combats que sous l'aile affreuse de la tyrannie, & sembloit devoir enfin, après la punition du tyran, conduire, dans le calme, le vaisseau de l'État au rivage.

Elle avoit vu périr, dans les orages qui la troublèrent, tout ce qu'elle possédoit de génie & de talens, & la sagesse étoit devenue désormais son lot unique.

De tant d'hommes éloquens, de tant de députés célèbres à la tribune & au conseil, qui tous avoient abusé de leurs moyens pour conspirer, il ne restoit plus qu'un souvenir justement odieux; mais ce souvenir, sans exciter des regrets, faisoit mieux sentir la foiblesse de l'Assemblée, sous le rapport de ces talens si brillans & si nécessaires que la sagesse peut cependant suppléer jusqu'à un certain point. On ne doit pas compter des hommes qui, peut-être avec des moyens, se sont condamnés à un éternel silence; discrétion calculée sans doute plutôt sur leur propre intérêt, que sur celui de la Nation & la gloire de l'Assemblée.

Tallien étoit le membre le plus éloquent de la majorité. Né avec des talens médiocres, il avoit acquis, dans les sociétés populaires, dans les assemblées publiques, dans la Convention Nationale même, une certaine abondance de langage plus coulante & plus facile que nerveuse. Ignorant l'art de commencer & de finir, de donner à chaque pensée son cadre & sa mesure, prodigue de lieux-communs, il n'avoit rien dans sa physionomie sans caractère, dans sa déclamation sans accent, dans son style sans vigueur, de ce qui annonce l'homme né pour exercer l'empire de la parole. Quoiqu'assez entendu dans le maniement des affaires, & dans la tactique d'une assemblée & de la révolution, il n'avoit pas cette force de tête qui étend la pensée dans tous les rameaux d'une entreprise. Il étoit d'ailleurs le plus jeune de toute l'Assemblée.

Les deux talens les plus distingués, sans contredit, se trouvoient dans la minorité. C'étoit Collot-d'Herbois & Barère.

Le premier, homme de lettres de profession, auteur de quelques ouvrages dramatiques, forts médiocres à la vérité, avoit apporté dans l'Assemblée un esprit orné par la littérature. L'art de la déclamation, cette partie si importante de l'éloquence, n'avoit point été tout-à-fait étranger à ses précédentes études. Une physionomie un peu sauvage, une encolure forte & vigoureuse, un organe imposant quoiqu'un peu voilé, une diction théâtrale, des pensées tantôt énergiques, tantôt ingénieuses, une facilité d'improviser quelquefois très-oratoire, le talent d'intéresser le cœur & d'échauffer le sentiment, d'attribuer avec art à des causes morales des résultats purement physiques, de verser dans les ames une sorte d'onction douce & pénétrante, lui avoient souvent attiré des applaudissemens à la Convention, & sur-tout aux Jacobins. Au reste, plus brusque & plus impétueux dans les affaires, qu'adroit & insinuant, faire sauter les prisons par l'explosion de la poudre, exposer par centaines, des coupables au feu d'un canon, étoient des idées qui ne révoltoient point son cœur, naturellement généreux & tendre, mais vif, & pénétré du besoin d'anéantir les ennemis de la Liberté.

L'autre, fin connoisseur des convenances, habile sophiste, savoit déguiser adroitement, sous un néologisme épigrammatique & serré d'idées, la ver[illegible]tilité de ses sentimens & l'inconstance de ses opinions. Il étoit toujours l'homme du parti dont il prévoyoit le tromphe. Sa présidence des feuillans, son affiliation conjointement avec Rolland à la société constitutionnelle des Wighs se présentoient à l'esprit, dès qu'on l'appercevoit, & je ne sais quel double sentiment excitoit à sa vue, le rire & la pitié. Quoique son intelligence, sa sagacité dans les affaires pussent le rendre précieux à un parti, sa réputation, qui paralysoit son talent, l'empêchoit d'y être véritablement utile.

Mais Collot-d'Herbois & lui, & ceux qui sentoient qu'ils étoient soupçonnés d'avoir prêté la main à Robespierre, avoient probablement en vue moins de servir le parti auquel ils s'étoient attachés, que d'en être servis. Ils comprenoient bien que la force des circonstances leur commandoient le ſilence, & les obligeoit à laiſſer l'attaque pour ſe retrancher dans la défenſive.

La minorité demandoit à grands cris l'impreſſion de la liſte des citoyens qui avoient été mis en liberté & de ceux qui avoient provoqué leur élargiſſement. Cette propoſition faite à deſſein, pour nuire aux députés qu'elle ſoupçonnoit d'avoir ſollicité la miſe en liberté de quelques citoyens moins purs, fut d'abord décrétée.

Ce décret répandit la triſteſſe dans toutes les ames, & flétrit l'épanouiſſement de cette joie tendre qui éclatoit ſur tous les viſages, depuis le 9 Thermidor. On croyoit voir dans cette meſure le préſage du renouvellement des rigueurs dont on avoit été un moment ſoulagé. On croyoit que l'Aſſemblée ſe repentoit d'avoir allégé le joug de la révolution. C'étoit le 10 Août que ce décret fut rendu. La fête qui eut lieu le ſoir, ne fut point gaie.

Le décret fut rapporté le lendemain, mais il laiſſa de funeſtes impreſſions. La minorité les juſtifioit en diſant ſans ceſſe que l'on vouloit imprimer au gouvernement révolutionnaire un mouvement rétrograde, en paroiſſant diſpoſée à rendre à ce gouvernement cette force odieuſe & purement deſpotique, que Robeſpierre lui avoit donnée pour ses projets. Quelques hommes absolument dénués de moyens, tels que Duhem, Montaut, Granet, Carrier, harceloient sans cesse la majorité. Hargneux, aigre, caustique, insolent & babillard, Duhem, étoit celui qui revenoit le plus souvent à la charge.

On vit alors un objet d'éternel étonnement: un homme de la plus profonde nullité, de la physionomie la plus déplorable, dont la démarche seule tiroit des larmes de pitié, quand on le voyoit traîner avec peine, le visage alongé, le cou tendu, ses reins disloqués; un homme connu par un barbouillage périodique où l'on ne savoit ce qui l'emportoit, de la platitude des idées ou de la trivialité du style, exerça, comme par miracle, une influence puissante sur la minorité. Après avoir gardé si long-tems le silence & l'immobilité du tombeau, il sembloit qu'il étoit revenu du pays des morts, tout exprès pour révéler de grandes choses. Il ne parloit point encore, mais on étudioit, on receuilloit les moindres gestes, les moindres signes de ce nouveau Lazare, les moindres symptômes d'approbation ou de méptis qu'il laissoit échapper; c'étoit un oracle muet. Qui sait? il est des événemens qui guérissent tout-à-coup certaines maladies ; ſon heure étoit peut-être venue de guérir de la betiſe.

La demande de l'impreſſion des liſtes fut renouvellée à la Convention par les Jacobins.

Pour déterminer la ſociété à cette démarche, l'on avoit convoqué *incognito* une aſſemblée extraordinaire. Les membres des Jacobins qui étoient de l'avis de la minorité, furent ſeuls avertis & s'y trouvèrent ſeuls. Le public, qui n'étoit pas inſtruit de cette manœuvre, fut ſurpris autant qu'alarmé de cette contradiction d'une ſociété dont l'influence est ſi conſidérable, & qui juſqu'alors avoit profeſſé les ſentimens de la majorité. Elle avoit envoyé aux ſociétés affiliées des adreſſes où elle exprimoit ſa douleur de ce qui s'étoit paſſé, où elle les invitoit à porter, de concert avec elle, des conſolations dans les cœurs flétris par le deſpotiſme de Robeſpierre. Ses orateurs lui faiſoient des deſcriptions vraies & touchantes des horreurs dont ils avoient été témoins eux-mêmes & victimes dans l'ombre des priſons. Elle inclinoit pour la liberté de la preſſe.

Ces diſpoſitions mêmes d'une ſociété ſi importante, qui s'ouvroit de ſon propre mouvement à l'influence des chefs de la majorité, ne faisoient qu'aigrir la minorité. Cette partie de l'Assemblée s'étoit accrue d'un homme qui pouvoit lui être d'un grand secours.

C'étoit Bourdon de l'Oise. Incertain quelques momens entre les deux opinions, il ne tarda pas à se ranger dans la minorité. Cette détermination d'un homme, qui avoit été des premiers à provoquer les mesures capables de détruire les effets & les suites d'institutions gâtées par Robespierre, avoit d'éja en elle-même quelque chose de favorable à la minorité. Au reste, impétueux, ardent, opiniâtre, pourvu de poumons robustes, s'exprimant avec clarté, avec chaleur & souvent avec énergie, il mettoit dans la balance un poids considérable.

La minorité se prononçoit tous les jours davantage; elle ne cessoit de se plaindre du trop grand nombre de *mises en liberté*; elle annonçoit qu'elle alloit agir de tout son pouvoir pour faire remettre en prison beaucoup de ceux qui en étoient sortis; elle étoit déterminée à ne pas souffrir qu'on changeât rien à la rigueur du gouvernement.

La majorité disoit que c'étoit la continuation du système de Robespierre; elle appelloit les membres de l'autre partie de l'Assemblée *continuateurs de Robespierre.* Ceux-ci donnoient le même nom à leurs adversaires, & en même temps les traitoient de *modérés* Une contradiction de plus ou de moins ne se compte pas, quand il ne s'agit que d'injures.

Ceux des membres de la minorité, qui pouvoient être soupçonnés d'avoir été les complices de Robespierre, & qui en s'attachant à cette partie accusée, avec moins d'invraisemblance, de vouloir continuer le systême de ce traître, étoient presque devenus un argument contr'elle, gardoient le plus profond silence. Ils sembloient se préparer à la défense, prévoyant sans doute que l'attaque ne tarderoit pas à se diriger spécialement contr'eux.

En effet, on fit venir à la barre Fouquier-Tainville; mais ce scélérat, en y prononçant un discours très-adroit & très-mesuré, dans lequel personne n'étoit nommément compromis & dont cependant il falloit conclure son innocence, trompa cette tactique.

Toutes fois, du sein de ces divisions on vit éclore des mesures salutaires; & si quelque question, si quelque point particulier rompit l'unanimité de l'Assemblée, du moins la République, en gémissant sur ces nouvelles dissentions, en ne croyant plus à la possibilité d'une assemblée politique toujours parfaitement unie, eut la consolation de voir la Convention Nationale n'avoir qu'une seule voix pour proclamer des réformes nécessaires, détruire des abus dangereux, & porter des loix dictées par l'interêt de la patrie & l'amour de l'humanité.

Le gouvernement révolutionnaire fut organisé sur un nouveau plan, qui ôtoit à l'ambition tout espoir, à l'arbitraire tout instrument. L'administration de la commune de Paris fut supprimée; & cette branche du pouvoir, qui plusieurs fois avoit compromis la liberté, en prêtant un asyle aux conspirateurs, fut sagement ramifiée dans les mains des commissions exécutives qui, toutes rayonnant autour d'un point commun, se partageoient cette puissance, sans lui rien ôter des avantages de la centralité. D'heureuses réformes entrèrent aussi dans le Tribunal Révolutionnaire, entièrement regénéré dans ses juges & son jury. La loi sanglante du 22 prairial fut abrogée; le jury fut rendu à son essence & à tout l'honneur de ses fonctions sublimes, en prononçant sur la question intentionelle. L'accusé, dans son malheur, put se reposer sur le sein d'un défenseur. Il fut permis à l'ami d'élever, devant la loi, en faveur de ſon ami, ſa voix ſenſible & tendre. Le fils éloquent put faire entendre pour ſon père accuſé, en face des miniſtres de la juſtice, l'accent de la nature & de la vérité. L'humanité renverſa cette longue eſtrade où la tyrannie ſanguinaire plaçoit ſes victimes par centaines. La décence & le reſpect du malheur préſidèrent aux débats & aux procédures. La terreur & le glaive qui planoient ſur l'innocence comme ſur le crime, ne peſèrent plus que ſur le coupable. La loi frappa, en détournant la tête. La rivière de ſang, dont Paris fut baigné pendant une année, ſuſpendit ſon cours, & les bras des bourreaux ſe repoſèrent enfin.

Le goût du ſang dominoit cependant encore dans quelques ames plus dignes d'animer un corps de tigre qu'une organiſation humaine, & telle étoit leur dégradation, qu'à leurs yeux l'amour de la juſtice, & la joie des cœurs affranchis du joug d'un tyran, étoit un ſymptôme d'ariſtocratie. Mais ce n'étoit point là la diſpoſition générale des eſprits.

Il exiſtoit peu de familles qui n'euſſent été entamées par le poignard de Robeſpierre. Les plaies étoient encore ſaignantes. Tous les yeux étoient encore humides des larmes du regret. Des larmes plus douces, celle de l'amitié, de l'amour, de la nature, satisfaits de voir sortir de la fosse aux lions des objets qu'ils avoient cru perdus, couloient encore de tous les cœurs. Les sources de la sensibilité r'ouvertes enfin, après avoir été si long-tems scellées, ne devoient plus se refermer.

En général, l'esprit public inclinoit vers les sentimens moins sevères de la majorité de l'Assemblée. Ses mains pitoyables versoient du baume sur des blessures douloureuses, qui rongeoient la fleur de ce qu'il y a de plus tendre & de plus délicat dans le cœur humain. La minorité au contraire, comme un chirurgien inflexible, enfonçoit dans ces mêmes plaies une sonde d'airain. Le mot odieux de *terreur*, qu'on ne devoit plus prononcer après la mort de Robespierre, lui étoit familier. Elle sembloit tirer feuille à feuille, du tombeau de ce traître, ce code de *terreur*, qu'embrassoient encore ses mânes sanglans. Duhem, parlant à la majorité, disoit : *je ne pense pas comme vous, messieurs*; ce mot de *messieurs* montre le rapport dans lequel se trouvoient, vis-à-vis l'une de l'autre, les deux parties de l'assemblée.

Telle étoit la disposition des esprits, lorsque Tallien lut à la tribune un discours préparé & très-bien écrit contre le *terrorisme*. Ce discours fut applaudi; mais en laissant à Tallien la gloire d'avoir composé un très-beau morceau de réthorique, il n'eut point un effet réel. Quand un discours ne fait point partie d'un plan; quand il ne se lie point à des vues bien combinées, c'est une semence que le vent emporte, & qui ne fructifie point. Or, la majorité jouoit, pour ainsi dire, un drame *à tiroirs*.

La minorité affectoit de ne point voir de degré, du systême de terreur au modérantisme. Quiconque ne vouloit pas être *terrible* étoit feuillant aux yeux de Barère. On disoit, pour prouver le modérantisme de la majorité, qu'elle vouloit rappeler dans le sein de l'assemblée cette portion de la Convention Nationale qui remplit, dans les prisons, la mission que le peuple lui a donnée. On ne peut apprécier jusqu'à quel point ce bruit étoit fondé.

Cependant les sections de Paris se précipitoient en foule dans le sein de l'assemblée. Elles y portoient des plaintes contre leurs comités révolutionnaires. Elles en dénonçoient les membres. Elles citoient des faits qui faifoient horreur. Ces accusations avoient sans doute quelque fondement; & quoiqu'on pût les rapporter à des haines particulières, à des motifs de vengeance personnelle, il étoit vraisemblable que l'habile Robespierre avoit su composer d'élémens choisis à son gré, des institutions dépositaires de la destinée de tous les citoyens. Au reste, il n'y avoit pas loin de ces dénonciations contre les membres des comités révolutionnaires, à la haine de l'institution même. Quelques sections, & particulièrement celle du Muséum, réclamèrent le droit d'élection. Elles furent violemment gourmandées par la minorité.

Cette partie de l'assemblée, toujours en ménageant, comme la prunelle de ses yeux, le gouvernement révolutionnaire, s'unissoit à la majorité toutes les fois que la nécessité d'une réforme étoit démontrée. Et cela doit instruire à juger avec sobriété les opinions des hommes, quelles qu'elles soient, parce qu'elles sont toujours respectables, quand elles sont professées de bonne-foi.

Le nombre des comités révolutionnaires fut considérablement diminué. Une loi commanda le renouvellement des membres de ces comités, ſuivant un certain mode; réforme qui avoit lieu auſſi pour les comités de la Convention. De fréquens changemens empêchoient de craindre à l'avenir les abus qui réſultent du trop long ſéjour du pouvoir dans les mêmes mains.

Ces ſalutaires immutations ne parurent point ſatisfaire encore l'exigeante opinion. Des levains de mécontentement fermentoient dans l'eſprit public; l'objet de cette inquiétude étoit vague: on étoit mécontent ſans ſavoir pourquoi. On ne s'en prenoit à perſonne en particulier. La confiance s'égaroit ſans trouver où ſe repoſer. Le peuple avoit des vapeurs. Il lui faut un point d'appui; & ce point d'appui lui manquoit. Il étoit à la fois joyeux & triſte.

Il voyoit l'Aſſemblée diviſée en deux partis. Il ſe créoit des fantômes. Lequel de ces deux partis ſervoit ſon intérêt? On avoit vu périr ſucceſſivement ſur l'échafaud tous ceux qu'on avoit cru les plus ſincères amans de la Liberté. On étoit devenu défiant, ombrageux. Tout le monde avoit fait ſon cours de réthorique dans la révolution. Les ruſes de l'art de parler échouoient contre une ſagacité qui avoit coûté ſi cher. L'art de mentir étoit aux abois. La raiſon publique n'avoit jamais été ſi éclairée. Ceux-mêmes à qui les chances de la société avoient refusé de l'éducation, ceux à qui les chances de la nature n'avoient point accordé de perspicacité étoient le plus en garde contre les séductions. Une colonne de lumière s'étendoit de l'esprit le plus délié & le mieux cultivé à l'esprit le moins délicat & le plus inculte. On ne vouloit plus être trompé par personne.

Tel est le travers de certaines gens, qu'ils attribuoient à l'aristocratie même cette destruction générale du *Janotisme* en France; effet naturel & simple du grand cours d'études de la révolution. Il est bien vrai pourtant, que le peuple alloit un peu loin. On disoit que la Convention étoit usée. On sembloit la croire inhabile à faire le bien. On parloit de convoquer les assemblées primaires. Jusqu'à quel point ces opinions étoient l'ouvrage de l'aristocratie & de la malveillance, c'est une question difficile à résoudre. Mais la facilité avec laquelle ces mêmes opinions germoient, donnoit au moins la mesure des sentimens du peuple.

Le moyen de calmer ces inquiétudes naissantes eût été l'union absolue de la Convention Nationale. Cette assemblée le sentoit bien. Toute entière elle la souhaitoit. Mais une fatalité sans doute l'empêchoit de la cimenter.

Plusieurs membres, en se plaçant entre les deux partis, travailloient à opérer cette utile liaison. Thuriot étoit de ce nombre.

Un flux de paroles harmonieux, abondant, mais languissant, ennuyeux & tiède; une déclamation douce, mais monotone; une conception facile, mais ténébreuse; une théorie politique assez bien raisonnée, mais souvent appliquée à faux; des organes détériorés, un patriotisme pur, un constant amour du peuple & de la liberté, caractérisoient cet homme probe qui sentoit vivement le besoin de la concorde, & qui s'étudioit à la ramener.

Il étoit secondé dans ce projet par Legendre. Cet élève de Danton dont il avoit été la dupe, retraçoit dans son geste, dans son attitude à la tribune, dans le tour de son expression, la pantomime & les formes de ce conspirateur éloquent. Inculte comme la nature, & quelquefois grand comme elle, c'étoit le descendant du paysan du Danube. Il en avoit la rudesse, le sens, & l'éloquence. Son énergie, qui s'étoit éteinte après la mort de celui qu'il avoit cru son ami, & qui l'avoit trompé, se ralluma à la foudre qui terrassa Robespierre. Il retrouva son génie, & ferma de sa main, le 9 Thermidor au soir, les portes des Jacobins dont il mit les clefs dans sa poche.

Mais en vain cherchoit-on à opérer une réunion si desirée. Les points mêmes les plus clairs, les plus incontestables, au-lieu de servir à lier l'Assemblée, contribuoient à la diviser. La question si simple de la liberté de la presse étoit une de ces pommes de discorde. Les Jacobins, qui depuis se sont réunis à la minorité, discutoient cette question; ils inclinoient à briser les chaînes de l'imprimerie. Plusieurs sections, qui avoient aussi traité ce point, étoient du même avis, & demandoient cette liberté à la Convention Nationale. Déjà quelques plumes, ou moins timides ou plus légères, s'empressoient d'en jouir. Elle existoit en effet, cette liberté, puisqu'on osoit écrire contr'elle, & qu'Audoin & Duval, dans leurs journaux, insultoient impunément à ce droit sacré. Cependant la prudence ne permettoit que de la goûter du bout des lèvres, & quelque faim qu'on en eût, on risquoit encore, en trempant dans ce miel le bout de sa baguette.

En effet, quelle garantie pouvoit-on se promettre ? Pourquoi le droit sacré de la presse eût-il été plus respecté que le droit sacré de pétition ? Tous les jours des pétitionnaires étoient, de la barre de la Convention, traduits au comité de sûreté générale. La majorité le souffroit. Qu'espérer d'une telle foiblesse ?

Des têtes froides & lentes, des hommes que des erreurs avoient rendus prudens & timides, auxquels un long silence avoit presque interdit le droit de parler, dont les oreilles retentissoient de menaces éternelles, dont les cœurs étoient maigris de terreur, à qui l'on avoit donné un nom qui les rendoit, pour ainsi dire, moîtes; des hommes qui avoient appris à se taire, à l'école des plus grands périls, & qui savoient que les vaincus n'ont jamais raison avec les vainqueurs, composoient en grande partie cette majorité, semblable à une eau dormante que le souffle des vents n'agitoit qu'avec peine.

La minorité faisoit contre la liberté de la presse mille objections plus ridicules les unes que les autres. Elle craignoit de voir renaître les Royou, les Durosoy, les Mallet. Elle se défioit donc bien de la vertu du Peuple ! Elle ne savoit donc pas que la royauté est un vieil arbre, qui, après avoir été déraciné, ne peut plus reverdir avec quelque soin qu'on veuille le replanter !

Quelque mobiles & changeantes que soient les têtes françoises, quelle que soit l'incertitude

& la foiblesse de caractère par lesquelles ce peuple est connu des nations, de quelque peu de durée que soit cette fougue qui les distingue en politique comme à la guerre, quoique la liberté germe difficilement dans une terre légère, quoique César ait écrit que les Gaulois étoient trop fiers pour être esclaves, & trop lâches pour être libres, envain prêcheroit-on la royauté en France : la royauté en est bannie pour jamais.

Fréron prononça un très-beau discours en faveur de la liberté de la presse. On ne l'attaqua pas de front. Mais par une de ces pitoyables ruses qui ne font illusion à personne, on dit que la liberté de la presse n'avoit pas besoin d'être décrétée, qu'elle étoit consignée dans la déclaration des droits.

Au reste, il appartenoit de prononcer un pareil discours à Fréron, à cet *Orateur du Peuple*, dont les mâles écrits avoient fait trembler la cour, dans les premiers temps de la révolution, & se plaçoient dans le cœur & la mémoire du Peuple, à côté des leçons & des conseils de Marat. Fréron étoit un des appuis de la majorité. C'eût été une colonne plus solide encore, s'il avoit porté sa plume éloquente dans sa bouche, s'il avoit eu autant de talent pour improviser que pour écrire, & des goûts moins efféminés; s'il n'avoit pas aimé la vie molle & paresseuse presque autant que la Liberté, si la séduction du plaisir n'avoit pas balancé dans son cœur l'horreur du despotisme C'étoit un Ulysse caché dans les réduits de la beauté, qui n'alloit point chercher une épée pour combattre, mais qui la saisissoit dès qu'elle s'offroit à lui parmi les hochets de la molesse.

On ne le désarma point, mais le coup fut adroitement esquivé.

Son discours eut à-peu-près le même sort que celui de Tallien; ces discours ressembloient aux sermons d'autrefois : ils ne produisirent pas plus d'effet.

Cependant les délibérations étoient gouvernées de la manière la plus favorable à la majorité. On sait quelle influence indirecte, mais puissante, le président exerce sur les discussions. Merlin de Thionville, un des plus ardens adversaires de la minorité, présida pendant une partie de l'époque dont nous esquissons l'histoire.

Plus énergique qu'adroit, plus fait pour commander un bataillon, que pour être à la tête d'une assemblée, plus terrible aux ennemis que redoutable aux ſophiſtes, plus brave qu'éloquent, d'une phyſionomie vraiment martiale, célèbre par la bravoure qu'il montra au ſiège de Mayence, Merlin de Thionville étoit d'une grande reſſource pour la majorité. Mais l'amour des plaiſirs ſe concilie difficilement avec cette tenue de caractère, ſi néceſſaire au triomphe d'une opinion puiſſamment contrariée ; & Merlin étoit un Hercule dans les mains duquel on ſurprenoit quelquefois un fuſeau à la place de ſa maſſue.

L'expérience du paſſé, qui toujours avoit vu triompher le parti le plus ſévère, étoit pour la majorité d'un préſage peu favorable.

Enfin le dernier coup fut porté. Lecointre de Verſailles dénonça publiquement à la tribune de la Convention, Billaud-Varennes, Collot d'Herbois, Barère, Amar, Vouland, Vadier & David, comme complices de Robeſpierre. L'accuſation étoit fondée ſur ce que ce traître n'avoit pu, ſans leur aveu, faire rendre par les comités de ſalut public & de ſûreté générale, tant d'arrêtés liberticides ; ſur ce que les comités étoient toujours unanimes, lorſqu'ils préſentoient à la Convention les meſures même les plus violentes. De plus, des faits particuliers étoient reprochés à chacun des membres accusés. Ces inculpations étoient extrêmement graves.

L'accusation toute entière étoit marquée du sceau de l'opinion publique. Elle fut plus malheureuse encore que les discours de Fréron & de Tallien. L'assemblée passa à l'ordre du jour, en déclarant que les accusés s'étoient toujours comportés conformément au vœu national.

Si à de longs services rendus à la liberté, à la constance d'un zèle soutenu, à la pureté d'une conduite irréprochable, à la gloire d'être un des pères de la révolution, Lecointre n'avoit joint une physionomie grotesque, & un extérieur ridicule, s'il avoit eu autant d'esprit que de bonne foi, si sur-tout il avoit été plus habile à choisir le moment favorable & ce qu'on peut appeler, *l'heure du berger*, sa dénonciation peut-être n'eût pas manqué son effet. Au reste, le décret de la Convention indisposa totalement le peuple. Le soir, les Tuileries, le Carouzel, le ci-devant Palais-Royal, la place de la Bastille, les boulevards se remplirent de grouppes en fermentation. On se plaignoit de ce qu'une dénonciation si grave avoit été traitée si légérement. On retraçoit tous les souve-

anciens lieutenans-de-police, & ceux du comité de salut public quelques formes des anciens ministres d'état. Par une de ces foiblesses qui n'honorent pas le cœur humain, l'amour-propre des représentans sembloit flatté de les voir se rapprocher d'eux ; on briguoit l'honneur de leur conversation, l'avantage de leur toucher la main. On croyoit lire encore son devoir sur leurs fronts. C'étoit des rois détrônés dont on s'honoroit d'être l'avocat.

Cependant ils étoient devenus plus lians. Billaud-Varennes tâchoit de donner à ses yeux effrayans un caractère plus doux, à sa voix tranchante une inflexion plus moëleuse, à son front pâle & défait plus de sérénité.

Quoi qu'il en soit, l'accusation de Lecointre, examinée article par article, fut déclarée fausse & calomnieuse, au milieu des applaudissemens du peuple, satisfait des 9 ou 10 heures que l'Assemblée avoit passées dans la salle, & au grand contentement de la majorité dont les chefs s'étoient opposés à cette mesure mal concertée. C'étoit un canonnier qui, ayant mis le feu à sa pièce avant que la manœuvre fut terminée, avoit blessé ses camarades.

Puisse la suite de cette histoire n'être que le récit des bienfaits & non des troubles de la Convention !

Paris, 29 Fructidor, an 2e. de la République Françoise.

www.ingramcontent.com/pod-product-compliance
Ingram Content Group UK Ltd.
Pitfield, Milton Keynes, MK11 3LW, UK
UKHW021930190726
13853UKWH00002B/960